YPS

YESHIVA PIRCHEI SHOSHANIM
ישיבת פרחי שושנים

Pirchei Publishing
164 Village Path / P.O. Box 708
Lakewood, New Jersey 08701
(732) 370-3344
www.shulchanaruch.com

Product Produced & Compiled by YPS:
Rabbi Shaul Danyiel & Rabbi Ari Montanari
www.lionsden.info/YPS

Escrito por: Rab Yitzchak Michaelson
Traducción: Rab Naftali Espinoza

Introducción

Cuando la mayoría de la gente hoy escucha la palabra *Kabbalah*[1], la descartan como un tipo de moda, o la conectan con sus brazaletes de cuerda roja, agua bendita de *Kabbalah* y estrellas que se convirtieron (al judaismo), como Madonna. Otros lo consideran simplemente como una forma mística del judaísmo, que conlleva una adhesión estricta al cumplimiento de las leyes. Sin embargo, nada podría estar más lejos de la verdad.

La *Kabbalah* no es una moda, ni es una religión. La misma palabra *Kabbalah* es la palabra hebrea para "recibir". En cambio, la *Kabbalah* es una ciencia y, en base a su definición de "recibir", debe interpretarse como la Ciencia de la Recepción. Independientemente de lo que uno oiga, esta ciencia nunca debe estar disponible solo para unos pocos seleccionados con las credenciales adecuadas. Como aprenderán a lo largo de estas lecciones, hay una ciencia y sabiduría que está destinada a llevar la transformación a aquellos que la estudian, y ahora está abierta y disponible para toda la humanidad, especialmente para aquellos que búscan el camino de la espiritualidad.

Hay un vacío que cada individuo ha experimentado en un momento u otro y esto los conduce a un camino de espiritualidad. Se origina del deseo de conexión y corrección de su alma.

¿No nos hemos preguntado alguna vez estas preguntas en un momento u otro?
¿Quién soy? ¿Por qué estoy aquí? ¿Cuál es mi propósito en la vida?

La ciencia de la *Kabbalah* revela las respuestas a estas preguntas, y muchas otras más.

El objetivo de cualquiera que busque estudiar esta antigua sabiduría es responder a esas preguntas, determinar el origen de la vida, la creación, incluida la búsqueda de uno mismo y comprender qué camino tomar para alcanzar nuestros objetivos.

---

[1] El termino en hebreo de la palabra "Recibir".

Año tras año las personas buscan algo que este próximo a ellos, que llene el vacío que existe dentro de sus vidas, y sin embargo, a pesar de este busqueda, nunca parece brindar la satisfacción que se pretendía. Entonces, cuando nuestros deseos no se cumplen, nos sentimos insatisfechos, desilusionados y comenzamos a llenar nuestro espacio vacío con otras distracciones. Algunos buscan drogas, alcohol, sexo y otras actividades para permitirles escapar de sus problemas y de los problemas que existen en el mundo que los rodea. Simplemente están buscando la respuesta al significado de la vida, en lugar de estar satisfechos con forjar una existencia insatisfactoria o simplemente salir adelante.

Un gran auto lujoso, casa o juguete de última tecnología pueden hacer la vida más fácil de soportar, pero la mayoría de las personas pronto se cansan de estas cosas materiales, porque están buscando algo más. Están buscando descubrir algo más alto.

Muchos probarán los últimos libros de autoayuda, recurrirán a algún gurú de la TV, o al último "encantador de serpientes" que les brinde una respuesta filosófica o psicológica a todos sus problemas. Sin embargo, ninguno de estos proporcionará las respuestas, porque no llegan a la raíz del problema, que está proporcionando un propósito para la vida. Esta pregunta solo se puede responderse cuando un individuo elige buscar desde adentro, en lugar de buscar soluciones externas.

Cuando cada individuo se da cuenta de que su vida ya no tiene sentido, y que nada en este mundo material le interesa más, entonces la persona está lista para verdaderamente, "recibir".

Si usted es una persona así, prepárase para unirse a nosotros en un viaje hacia la iluminación. La recepción de una sabiduría ancestral que cambiará su vida de adentro hacia afuera. Esta es la "*Ciencia de la Kabbalah*".

Nota: Los maestros famosos de la *Kabbalah* usaron diferentes nombres para representar a Di-s. El **Ari**, el **Rabino Itzjak Luria** declaró:

> *"Ningún pensamiento puede comprenderlo. El Uno es esencialmente incognoscible".*

Teniendo en cuenta que algunas personas tienen problemas con el término Di-s, si tienes emociones negativas con respecto a su uso, puedes usar cualquier cosa con la que se sienta cómodo. Por ejemplo; "La Luz, Un Poder Superior, El Poder del Amor, La Fuente de la Creación, El Uno, etc."

El primer estudio del universo

Para entender la *Kabbalah* como una ciencia, primero debemos observar cómo los primeros científicos influyeron y fueron influenciados por esta sabiduría muy antigua.

Exploremos por un minuto la vida de **"Sir Isaac Newton"**, considerado uno de los mejores científicos que haya existido. Además de ser un científico, fue un teólogo. Revolucionó la física, las matemáticas y la astronomía en los siglos XVII y XVIII. Él sentó las bases de la mayoría de los mecanismos clásicos, con el principio de la gravitación universal y las tres leyes del movimiento que llevan su nombre. La imagen a continuación fue encontrada en documentos que aparecieron como parte de su biblioteca. Trae escrito una *Tefilá* en hebreo en la segunda línea del documento.

Estas palabras se encuentran al final de una oración llamada *Keri'at Shema*[2] (Lectura del *Shema*) en las oraciones diarias del judaísmo. Las palabras que aparecen son las que se muestran en la imagen a continuación:

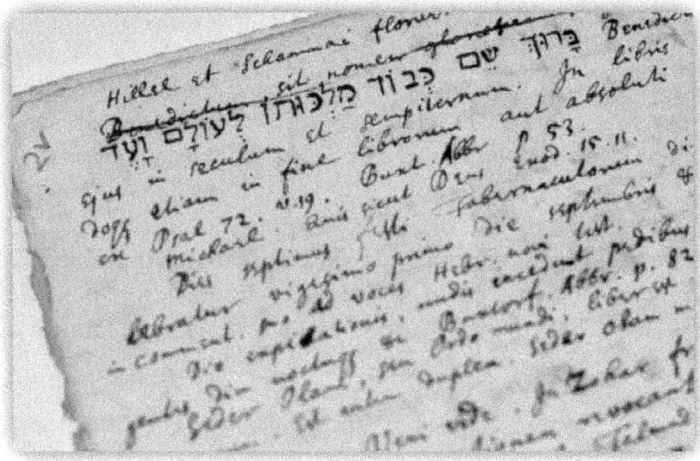

La transliteración de las palabras anteriores es,

"Baruj Shem Kevod Maljuto Le'Olam Va'ed"

---

[2] *Shemá Israel* consistía originalmente en un único verso que aparece en el quinto y último libro de la *Torá*, el Libro de Deuteronomio, Deuteronomio 6:4 que dice: "Escucha, oh Israel, el Señor es nuestro Di-s, el Señor es Uno" (שְׁמַע יִשְׂרָאֵל יְהֹוָה אֱלֹהֵינוּ יְהֹוָה אֶחָד *Shemá Israel, Adonai Elohenu, Adonai Ejad*), considerado la expresión fundamental de la creencia judía monoteísta. Sin embargo, la plegaria litúrgica consiste en tres fragmentos extraídos de los libros del Deuteronomio (Deut. vi. 4-9, xi. 13-21) y de los Números (Num. xv. 37-41). Estas tres partes son consideradas como una reminiscencia del éxodo de Egipto y se refieren a cuestiones centrales de la creencia judía. El *Talmud* señala que en los tres textos se pueden encontrar sutiles referencias a los Diez Mandamientos. Como éstos fueron retirados de la oración cotidiana, en el periodo misnaico, el Shemá es visto como una oportunidad para conmemorar los diez mandamientos. Fuente wikipeida.

El significado simple de estas palabras se traduce típicamente como:

"Bienaventurado es el nombre de su glorioso reino por los siglos de los siglos".

La mayoría de la gente nunca sabría que alguien como **Sir Isaac Newton**, que tuvo tanto impacto en la ciencia, vio gran parte de lo que estudió a través del lente de la *Kabbalah*. Los manuscritos teológicos de *Newton* que ahora se encuentran en Jerusalén y fueron mostrados una vez a **Albert Einstein**. A pesar de que era septiembre de 1940 y ya estaba involucrado en una empresa apocalíptica, se tomó la molestia de escribir una carta elogiando a los periódicos por la visión que le dieron al *Geistige Werkstatt* de **Newton**, su "taller espiritual".

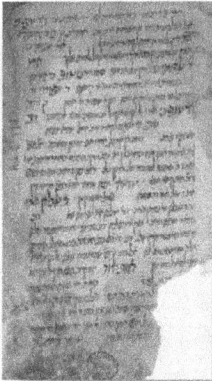

La imagen de la derecha es una página de una traducción latina del *Zohar*[3], atribuida a **Isaac Newton**.

En el libro, **"La religión de Isaac Newton"**, *Frank E. Manuel* escribió que "**Isaac Newton** estaba convencido de que *Moisés* poseía el conocimiento de todos los secretos científicos".

El *Dr. Seth Pancoast* escribió que "*Isaac Newton* fue llevado al descubrimiento de leyes físicas (fuerzas de gravitación y repulsión) a través del estudio de la *Kabbalah*".

Una traducción al latín del Libro del **Zohar (Kabbalah Denudata)**, se encontró en la biblioteca de **Newton**, y actualmente se conserva en el *Trinity College* en *Cambridge*. **Isaac Newton**[4] basó su investigación científica en principios filosóficos.

En particular, *Newton* escribió:

"En mis libros establecí los principios de la filosofía que no son puramente filosóficos, sino también matemáticos, que pueden servir como base para discutir asuntos físicos. Para que no parezcan infructuosos, los acompañé con algunas explicaciones físicas".

Un contemporáneo de **Newton, Francis Bacon**[5] escribió esto, para mostrar la separación que existía entre la ciencia y la teología de la época:

---

[3] El *Zohar* (en hebreo: זֹהַר, lit. "Esplendor" o "Radiancia") es la obra fundamental en la literatura de la sabiduría judía conocida como *Kabbalah*.

[4] (Newton I., Principios Matemáticos de la Filosofía Natural, 1686, V. 3, "El sistema del mundo", página 501).

[5] Francis Bacon, El Avance del Aprendizaje y New Atlantis (Londres 1951), p. 11 (El primer libro, 1.3).

"Que ningún hombre, con una débil presunción de sobriedad o una moderación mal aplicada piense o mantenga, que un hombre también puede buscar lejos, o estar demasiado bien estudiado en la palabra de Di-s, o en el libro de las obras de Di-s, la divinidad o la filosofía; sino más bien dejar que los hombres se esfuercen por un progreso o competencia sin fin en ambos; solo que los hombres tengan cuidado de que se apliquen a la caridad y no a la avaricia; para usar, y no para la ostentación; y otra vez, que no se mezclen imprudentemente o confundan estos aprendizajes juntos".

Otros grandes científicos de la época que intentaron mantener la separación entre los dos mundos de la religión y la ciencia también estudiaron este tipo de sabiduría.

Frank E. Manuel continúa en su libro **"La religión de Isaac Newton"**, que **Galileo** y **Kepler** basaron sus argumentos fundamentales en una antigua sentencia de interpretación bíblica de los sabios judíos, transmitida a través de los Padres de la Iglesia: *"La Biblia habla en el lenguaje de todos".*

Otro contemporáneo de **Newton** fue **Thomas Burnet**, que es mejor conocido por su obra **"Telluris Theoria Sacra, o Teoría Sagrada de la Tierra"**.

Comentando sobre el libro de **Burnet** en enero de 1681, **Newton** ofreció "a modo de conjetura" una visión de cómo los planetas podrían haber sido arreglados por Di-s en un acto inicial de creación y de esta forma su movimiento se aceleró constantemente hasta alcanzar el ritmo deseado para sus movimientos coordinados.

Cosmología post newtoniana

Los cosmólogos modernos o científicos que estudian la naturaleza del universo ya no necesariamente están de acuerdo con *Newton* en lo que respecta a la forma en que ocurren los eventos. En otras palabras, *Newton* vio el universo como infinito e inmutable, mientras que los científicos modernos lo ven como una evolución, una expansión, un ser y, sin embargo, sus orígenes siguen siendo un misterio para ellos.

En 1894, **Albert Michelson** (sin relación con el autor) pronunció un discurso en la dedicación del *Laboratorio Físico de Ryerson en la Universidad de Chicago*. En su discurso, declaró: *"Se han descubierto las leyes y hechos fundamentales más importantes de la ciencia física".*
Imagine que incluso en 1894, la comunidad de la física no creía que hubieran muchas novedades sobre el universo.

Sin embargo, fue solo diez años después que otro **Albert**, esta vez **Einstein** revolucionó y cambió la forma en que el mundo miraba el universo cuando nos dio la formula $E = MC^2$.

La belleza de esta historia es que el avance de **Einstein** se basó en el trabajo anterior de **Michelson**.

En 1929, **Edwin Hubble**, quien lleva el nombre del famoso Telescopio Espacial *Hubble* de la *NASA*, descubrió la expansión del universo al mostrar que cuanto más distante es una galaxia de nosotros, más rápido se aleja. También fue el primer soporte observacional para una nueva teoría sobre el origen del universo propuesta por **Georges Lemaitre**: el *Big Bang*. Después de todo, un Universo en expansión debe haber sido una vez más pequeño.

Lemaître fue un pionero en la aplicación de la teoría de la relatividad general de **Albert Einstein** a la cosmología. En un artículo de 1927, que precedió al artículo histórico de **Edwin Hubble** por dos años, **Lemaître** derivó lo que se conoció como la ley del *Hubble*.

Cuenta científica de la creación

Como se mencionó anteriormente, la rama de la ciencia que se ocupa del origen del universo se conoce como cosmología. A lo largo de la historia y en todas las culturas, la humanidad mirabs hacia el cielo y se preguntaba: ¿Cuál fue el origen del sol, la luna y las estrellas?

El concepto de la Creación ex nihilo, o en hebreo *"yesh me'ayin"* presenta el contraste perfecto. *Ayin* en hebreo proviene de *Ein* (no), que se relaciona con la nada. Si bien se contrasta con el término "*Yesh*", que significa "algo / existiencia / ser / es"). Este concepto se considera una imposibilidad, porque la ciencia afirma que algo no se puede crear a partir de la nada.

Por lo tanto, los científicos seculares ven el universo como eterno, y de esta manera evitan cualquier pregunta con respecto a su origen. La cuenta bíblica de que el universo fue creado se convirtió en una arena de conflicto entre la ciencia y la religión. Este conflicto se mantuvo intacto durante muchos años.

Sin embargo, el conflicto que existió ha cambiado lentamente con el tiempo, y evolucionó a medida que llegamos al siglo XX. El trabajo de científicos como **Michelson** y **Einstein** junto con astrónomos como **Hubble** provocó una explosión de conocimiento científico sin precedentes que no fue más dramática que el estudio del universo. Los astrónomos que estudiaban los cuerpos celestes lo habían estado haciendo para trazar los caminos de las estrellas, los planetas y los cometas. Estaban más interesados en determinar su composición, espectro y otras propiedades, en lugar de determinar su origen. Parecían estar satisfechos con el misterio del origen. Ahora, los avances en cosmología durante las últimas décadas han permitido, por primera vez, a muchos científicos construir una historia comprensible del origen del universo. Hoy en día, un abrumador cuerpo de evidencia científica respalda la teoría de la cosmología del *Big Bang*.

Hay cuatro pruebas que los partidarios de la teoría del *Big Bang* usan como prueba:

1. El descubrimiento del remanente de la bola inicial de luz que llena el universo;

2. La relación de hidrógeno a helio en el universo;

3. La expansión de las galaxias;

4. El espectro perfecto de cuerpo negro de la radiación de fondo de microondas medida por el satélite espacial *COBE* en 1990, y las mediciones adicionales de esta radiación realizadas por el satélite espacial *MAP*, lanzado en 2001.

Escuchamos citas como "La teoría del *Big Bang* funciona mejor que nunca" o "La teoría moderna de los orígenes cósmicos [afirma] que el universo surgió de un evento enormemente energético ... la teoría de la creación del *Big Bang* se conoce como el modelo estándar de la cosmología".

La afirmación más importante de la teoría del *Big Bang* es que literalmente el universo fue creado. Es instructivo citar algunas de las principales autoridades del mundo. El premio Nobel **Paul Dirac**, un gran arquitecto de la física del siglo XX, escribe:

"Parece cierto que hubo un tiempo definido de creación".

El principal cosmólogo **Stephen Hawking** escribe:

"La creación se encuentra fuera del alcance de las leyes de la física conocidas actualmente".

Cuando los cosmólogos usan el término "creación", ¿a qué se refieren? ¿Exactamente qué objeto se creó? Los científicos han descubierto que el universo comenzó con la aparición repentina de una enorme bola de luz, llamada "bola de luz primigenia". Esta "explosión de luz" fue llamada el "*Big Bang*" por el astrofísico británico **Fred Hoyle**. El remanente de esta bola de luz primigenia fue detectado por primera vez en 1965 por dos físicos estadounidenses, **Arno Penzias** y **Robert Wilson**, que recibieron el Premio Nobel de Física por su descubrimiento.

Armonia Emergente

En estudios más recientes, encontramos científicos que han escrito extensamente sobre lo que ellos consideran una armonía emergente entre el relato espiritual de la creación y los descubrimientos de la ciencia moderna.

Se han escrito libros, como los de **Nathan Aviezer**, *In the Beginning ... Biblical Creation & Science (Nueva Jersey, 1990)* y *Fossils and Faith (Nueva Jersey, 2002)*; **Gerald Schroeder**, *Génesis y el Big Bang. El descubrimiento de la armonía entre la ciencia moderna y la Biblia (Nueva York, 1990)* y *La ciencia de Di-s: La convergencia de la sabiduría científica y bíblica (Nueva York, 1997)*; **Yehudah Levi**, *frente a los desafíos actuales (Nueva York, 1998)* y *Science in Torah: El conocimiento científico de los sabios talmúdicos (Nueva York, 2004)*.

En estos libros, nuestros autores aportan una sólida evidencia de la teoría de la cosmología del *"Big Bang"*, que reduce la brecha entre la espiritualidad y la ciencia.

Ahora que han aceptado la idea de que el universo no es eterno, pero tuvo un comienzo, han comenzado a abordar cuestiones tales como la edad del universo, los orígenes de la vida y, lo más importante, el tema del diseño. En otras palabras, ¿si el universo tuvo un comienzo, y si puede envejecer el universo, y discutir los orígenes de la vida en general y de la humanidad en particular, también tenemos que lidiar con la posibilidad de que el universo tenga un arquitecto, un diseñador o creador?

La dicotomía que existe en este argumento es una de la naturaleza versus la divinidad. Primero, si vamos a considerar qué tipo de evidencia se puede descubrir a través del lente del mundo natural, tenemos que hacer las siguientes preguntas:

1. ¿La ciencia tiene límites? En el marco de esta pregunta, podemos preguntar si la ciencia tiene la capacidad de probar una teoría con tal prueba, que ya no está abierta para desafiar o revisar.

Este ha sido siempre el desafío para la ciencia y, a medida que la brecha se reduce, cada vez más personas cuestionan la capacidad de la ciencia para responder a todas las preguntas de nuestra realidad presente.

2. ¿Qué nos dice realmente la evidencia que aporta la ciencia?

Hay muchas evidencias presentadas por científicos modernos en las áreas de cosmología, astronomía, genética y ciencia. Con base en sus teorías actuales, ¿reducen la brecha o amplían la brecha entre los conceptos de evolución y diseño inteligente?

¡Estas y otras preguntas son lo que esperamos descubrir mientras profundizamos en la Ciencia de la *Kabbalah*!

Preguntas de revisión

1. ¿Cuál es la definición de la palabra hebrea *Kabbalah*?

2. ¿Es la *Kabbalah* una Religión?

3. ¿Quién fue uno de los primeros científicos en conectar la ciencia secular con la sabiduría de la *Kabbalah*?

4. ¿En qué **Sir Isaac Newton** basó la mayor parte de su investigación científica?

5. ¿Cuál era la visión de **Newton** sobre el universo?

6. ¿En qué se diferenciaba la cosmología moderna en su visión del universo?

7. ¿Quién descubrió por primera vez la expansión del universo?

8. ¿Cómo la aceptación de la "*Teoría del Big Bang*" redujo la brecha entre la ciencia moderna y la espiritualidad?

Respuestas de revisión

1. La *Kabbalah* significa "recibir". Este es un concepto muy importante al que debemos prestar atención a medida que avanzamos en este curso. El concepto de "recepción" es un principio fundamental en la ciencia de la *Kabbalah*.

2. La *Kabbalah* no es una religión; es una ciencia. Al mirar la próxima lección, verán cómo la brecha que existe entre lo secular y lo espiritual se ha reducido en el mundo de la ciencia.

3. **Sir Isaac Newton** no era solo un científico, sino un teólogo. Como tal, eligió estudiar muchos de los textos judíos, y se cree que muchas de sus fórmulas matemáticas se basaron en la ciencia de la *Kabbalah*.

4. De acuerdo con los registros que se archivan en Trinity College en Cambridge, dijo que su investigación científica se basa en principios filosóficos.

5. **Newton** vio el universo como infinito e inmutable. Si bien esto no se alinea completamente con la visión científica moderna de un universo eterno, está más cerca de la teoría de la ciencia *pre-big bang*. Uno no habría esperado tal opinión de un científico que también fuera teólogo.

---

6. La cosmología moderna veía el universo como eterno. En cierto sentido, casi tenían que hacerlo, para evitar la problematica de su origen. Si fuera eterno, no tendrían que explicar cómo fue la creación.

7. **Edwin Hubble** en 1929 descubrió la expansión del universo al mostrar que cuanto más distante es una galaxia de nosotros, más rápido se aleja. Fue la primera vez en la historia que se pudo demostrar cualquier prueba de observación para la teoría del *Big Bang* de **Georges Lemaitre**. El telescopio *Hubble* también lleva su nombre.

8. Muchos científicos modernos han escrito extensamente sobre la teoría de la cosmología del "*Big Bang*". Han rechazado la idea de que el universo es eterno. Al aceptar la teoría de que el universo tuvo un comienzo, han comenzado a abordar cuestiones tales como la edad del universo, los orígenes de la vida y, lo más importante, el tema del diseño. Esto ha permitido un estrechamiento de la brecha entre la espiritualidad y la ciencia.

Escrito por: Rab Yitzchak Michaelson
Traducción: Rab Naftali Espinoza

Por qué preocuparse por las supernovas

Anteriormente notamos que **Frank E. Manuel** en su libro **"La religión de Isaac Newton"** citaba que **Galileo** y **Kepler** habían basado sus argumentos fundamentales en una antigua interpretación bíblica de los sabios judíos: *"La Biblia habla en el lenguaje de todos".*

Kepler fue matemático, astrólogo y astrónomo. Es mejor conocido por sus *"Leyes del movimiento planetario",* que **Isaac Newton** usó para desarrollar su teoría de la gravitación universal. Otro evento bien conocido que tuvo lugar en la vida de **Kepler** fue la *SN 1604* o la *Super Nova de Kepler.* Una supuesta nueva estrella, que apareció en los cielos nocturnos.

Tardaría algo más de 380 años para que ocurriera otro evento similar. Tuvo lugar aproximadamente a las 3 a.m. de la mañana del 24 de febrero de 1987, cuando desde un observatorio en las montañas de Chile apareció la primera Supernova desde SN 1604 en los cielos nocturnos. Los astrónomos no podían creer lo que estaban viendo al principio. Cuando se dieron cuenta de lo que era, también se dieron cuenta de que era la supernova más cercana observada desde 1604.

Los afortunados que estaban en el hemisferio sur de la Tierra pudieron ser testigos de este evento. Esta supernova permaneció visible para el ojo durante muchos meses y se ha estudiado en las últimas décadas.

La Supernova 1987A fue la supernova más brillante vista desde la Tierra en los cuatro siglos desde que se inventó el telescopio. La explosión ocurrió hace 160,000 años, en las afueras de la Nebulosa de la Tarántula en la Gran Nube de Magallanes, una galaxia enana cercana.

La luz de la explosión - viajando a 186,000 millas por segundo (300 millones de metros por segundo) - finalmente llegó a la Tierra el 24 de febrero de 1987.

Se logró ver durante muchos meses, hasta mayo de 1987, cuando comenzó a disminuir en brillo. Sin embargo, esta fue la primera vez que a los astrónomos se les dio una especie de vista "a vuelo de pájaro" de una supernova. Como resultado, la ciencia ha descubierto muchas ideas increíbles sobre estos fenómenos.

La palabra nova significa nueva estrella. Los primeros astrónomos como **Kepler** pensaron que estaban presenciando el nacimiento de una estrella cuando vieron por primera vez, en 1604, la supernova que ahora lleva su nombre, la Estrella de Kepler.

Como dijimos, la estrella de **Kepler** fue la última cercana y observable, pero fue antes de la invención del telescopio. ¿Cuál es la diferencia? Con la invención del telescopio, hemos aprendido que lo que se está presenciando no es el nacimiento de un comienzo, sino la muerte de uno.

¿Qué hemos aprendido de la muerte de la Supernova 1987a? De acuerdo con la **NASA**[1] la Supernova 1987A puede agitar el gas circundante y desencadenar la formación de nuevas estrellas y planetas.

El gas del que se forman estas estrellas y planetas se enriquecerán con elementos como el carbono, nitrógeno, oxígeno y hierro, que son los componentes de toda la vida conocida. Esta sola declaración en si, es simplemente sorprendente.

¿Qué tiene esto que ver con el polvo de estrellas? Uno pensaría que estamos hablando de películas, títulos de libros o cuentos infantiles. Sin embargo, el polvo de estrellas no es una broma, y en el gran esquema de la ciencia juega un papel mucho más importante en la forma en que vemos el universo y nuestra propia existencia.

¿Por qué preocuparse por las supernovas? ¡Hay algunas buenas razones!

1. Estamos hechos de polvo de estrellas. Cuando escuchas esta frase común entre los físicos modernos, debes pensar que es una broma, como dije. Sin embargo, tanto los astrónomos como los físicos de hoy en día creen que una gran fracción de los átomos en nuestros cuerpos se forjaron dentro de las estrellas. Que el polvo de estrellas producido por las Supernovas como la 1987A cuando se dispersa en el espacio, se activa el mecanismo por el cual los átomos creados en las estrellas son los mismos átomos que componen nuestros cuerpos físicos en la actualidad.

2. Radiación de alta energía y cómo evoluciona la vida. Los astrónomos también creen que las Supernovas en la Vía Láctea producen el tipo de radiación de alta energía que podría haber contribuido a la radiación de fondo que produce la mutación y la evolución de las especies en la Tierra.

---

[1] Administración Nacional de Aeronáutica y el Espacio.

3. Un disparador cósmico para nuestro sistema solar local. Existe evidencia intrigante de que una supernova provocó la formación de nuestro propio sistema solar, nuestro sol, la Tierra y los otros planetas cercanos a nosotros en el espacio, hace cinco mil millones de años. Por todas estas razones y más, los astrónomos quieren saber qué hace que exploten las supernovas y qué sucede después de que lo hacen.

Puede que te estés preguntando en este momento que todo esto suena bastante sorprendente, pero ¿cómo se relaciona con la *Kabbalah*, y lo que llamamos la brecha estrecha entre la ciencia y la espiritualidad?

Le aseguro que actualmente estamos sentando las bases para responder esa pregunta. Para comprender tal sabiduría antigua uno debe primero estar dispuesto a examinar toda la evidencia producida a lo que llamamos creación.

La importancia de la luz

En la sección anterior hablamos de la Supernova 1987A y de cómo ocurrió la explosión hace 160.000 años, en las afueras de la Nebulosa de la Tarántula en la Gran Nube de Magallanes, una galaxia enana cercana. La luz de la explosión - viajando a 186,000 millas por segundo (300 millones de metros por segundo) - finalmente llegó a la Tierra a las 3 a.m. el 24 de febrero de 1987.

Eso básicamente nos dice que esta supernova estaba aproximadamente a 160,000 años luz de nuestra Tierra. Esto significa que la explosión tuvo lugar hace 160,000 años y que solo después de 160,000 años esos fotones nos alcanzaron y hicieron que el SN1987a fuera visible, en la madrugada del 24 de febrero. ¿Cómo esto tiene sentido en el mundo?

La única forma de dar sentido a dicho concepto es comprender la ciencia de la luz y cómo se relaciona con la velocidad de la luz. No solo eso, sino cómo la luz afecta el tiempo.

Hasta los últimos dos siglos, era prácticamente imposible comprender la dinámica y la ciencia de la luz. Luego, en un corto período de tiempo, se realizaron varios descubrimientos que nos permitieron comprender mejor la naturaleza de la luz y sus propiedades físicas.

Por supuesto, sabemos que la luz que experimentamos proviene del Sol y también de las estrellas, en nuestro universo.

Electromagnetismo

Inicialmente aprendimos sobre electricidad y magnetismo a través del trabajo de un físico escocés llamado **James Maxwell**. **Maxwell** determinó que la electricidad produce magnetismo y luego ese magnetismo produce electricidad. Fue el primero en acuñar la frase "electromagnétismo", donde anteriormente estas dos fuerzas se consideraban completamente separadas la una de la otra. Como resultado de su investigación, la ciencia descubrió la naturaleza dualista de la luz. La explicación simple es que la luz se compone de energía eléctrica y magnética.

Hay fotones de luz que viajan hacia nosotros desde el Sol y las estrellas, como partículas y ondas.

Otro científico apareció en la escena y descubrió que había formas adicionales de energía electromagnética además de la luz. Su nombre era **Heinrich Rudolph Hertz** y lo que descubrió fueron ondas de radio. Esta investigación llevó al descubrimiento de otros, como los rayos X, rayos gamma, microondas y ultravioletas, por nombrar algunos. Todas estas formas de energía electromagnética se miden por frecuencia y longitud de onda.

Estos fueron descubrimientos sorprendentes y condujeron a muchas explicaciones importantes para la ciencia de la luz. Sin embargo, esto también produjo una paradoja para muchos científicos, y como mencioné antes, la luz no solo tiene propiedades similares a las ondas, sino que también pueden ser partículas. En un sentido, esto contradice las propiedades onduladas de la luz. Dado que no estamos realmente interesados en entrar en explicaciones complicadas sobre cómo esto es posible, baste decir que las mentes mejores, es decir, los mejores científicos, siguen desconcertados por este concepto. Esto no me sorprende, ya que nuestro objetivo es seguir comprendiendo la brecha entre la ciencia y la espiritualidad.

Einstein en realidad trató de darle sentido a esta dualidad que parecía desafiar la lógica, al afirmar que las partículas eran fotones y que un flujo de fotones era una onda. Así es como le dio sentido a la contradicción.

Brian Greene, autor del ahora clásico libro **The Elegant Universe** afirma: *"El mundo microscópico exige que abandonemos nuestra intuición de que algo es una onda o una partícula y aceptemos la posibilidad de que es ambas cosas ... Podemos pronunciar palabras como dualidad onda-partícula".*

Podemos traducir estas palabras en una formula matemática que describe los experimentos del mundo real con una precisión asombrosa. Pero es extremadamente difícil de entender en un nivel intuitivo profundo esta característica deslumbrante del mundo microscópico[2]".

La verdad es que, aunque **Einstein** tenía su teoría y era tan brillante como lo son todos los científicos del mundo, nadie la entiende realmente ni tampoco la pueden explicar. De todas formas, la ciencia no ha tenido problemas en el aprovechamiento eficiente de la energía electromagnética.

Ha estado a la vanguardia de la creación de gran parte de la tecnología que la gente sencilla da por sentada todos los días. Al mismo tiempo, el mundo de la ciencia casi a diario tiene que llegar a un acuerdo con cuán misterioso y paradójico es el mundo físico. Esto, por supuesto, no sorprende a las personas de fe, y aquellos que aceptan que la ciencia simplemente no está dispuesta a reconocer que la brecha se está reduciendo.

En el mundo de la espiritualidad tenemos conceptos de luz oculta y luz revelada. Es interesante observar que existe un concepto similar dentro de la ciencia cuando se habla de la luz. Cuando se toma en consideración la naturaleza dual de la forma de onda y partícula, la forma en que se imita lo oculto y lo revelado en la espiritualidad se basa en su medición. Lo que significa que la luz solo se revela de acuerdo con una de estas dos características a la vez, pero no ambas simultáneamente. Por lo tanto, es sorprendente saber que si se mide en forma de onda, así es como se revelará la luz y, sin embargo, si se mide como partículas, solo se revelará de esa manera.

Después de los descubrimientos sobre la luz, el mundo de la física se dio cuenta de que otro de los componentes de toda la materia exhibía este mismo tipo de dualidad paradójica. Simplemente dicho "átomos" muestran esta misma dualidad onda-partícula. Considere que, desde la supernova más grande hasta la partícula más pequeña, todo lo que está hecho de materia está hecho de átomos que exhiben el mismo fenómeno que describimos sobre la luz. Sin embargo, los descubrimientos no terminaron allí.

La interacción de la luz y el tiempo

Previamente, discutimos sobre la Supernova 1987A y específicamente cómo estuvo a aproximadamente 160,000 años luz de nosotros. Como describimos, literalmente se necesitaron 160,000 años para que la luz emitida por causa de la muerte de esa estrella llegara a la Tierra precisamente en el momento en que fue fotografiada por el telescopio y visible a simple vista en el hemisferio sur.

---

[2] Página 103; Vintage Books, 1999; Nueva York.

Ahora que entendemos un poco sobre la ciencia de la luz, necesitamos aprender más sobre cómo la luz y el tiempo interactúan para dar sentido a este período de 160,000 años.

Lo que sabemos por la ciencia, es que la luz viaja a una velocidad de 186,000 millas por segundo. Para dar sentido a esta cantidad de tiempo, que un objeto tardará en llegar a un destino, debemos saber si el destino es móvil o estacionario.

Usemos una analogía de fútbol para tratar de entender el punto anterior. Cuando un mariscal de campo lanza la pelota a un receptor, la cantidad de tiempo que demora la pelota en llegar al receptor se basa en si está corriendo hacia o fuera del mariscal de campo.

Entonces, por ejemplo, si el receptor ejecuta un patrón y se da cuenta de que tiene cobertura, entonces podría correr hacia el mariscal de campo para estar abierto a recibir un pase. Obviamente, si corre hacia el mariscal de campo, la pelota lo alcanzará mucho más rápido que si estuviera corriendo hacia la línea de gol.

Sin embargo, la luz no es una pelota de fútbol y no está sujeta al mismo ejemplo. Entonces, regresemos a nuestra Supernova y consideremos por un momento el viaje que la luz tardó en llegar exactamente a cierto punto de la tierra para ser visible a las 3 a.m. de la mañana del 24 de febrero de 1987.

¿Podríamos plantear que si un neanderthal estuviera mirando hacia el cielo hace unos 160,000 años, habría visto la luz? ¿Qué hay de incluso 5,000 años atrás en la Edad del Bronce, alguien podría haber visto la luz?

Si siquiera creyeras, por ejemplo, que había otra vida inteligente viviendo más cerca de la supernova que quería correr hacia nosotros para advertirnos, usted tendría que darse cuenta de la imposibilidad de tal idea. ¿Por qué? ¡Porque nada puede viajar más rápido que la velocidad de la luz!

Entonces, tengo una pregunta para que tome unos minutos para reflexionar. Si usted, sí, de alguna manera pudiese haber estado en algún tipo de nave espacial futurista que salió al mismo tiempo que la luz de Supernova 1987A y pudiera viajar junto a ella para ese viaje de 160,000 años, ¿cuánto tiempo habría pasó, cuando llegó al mismo lugar a las 3 a.m. de la mañana del 24 de febrero de 1987?

¿Estás listo para la respuesta?
¡Habría pasado exactamente el tiempo cero! Así es, tan incomprensible como suena, ni años, ni meses, ni días, ni horas o incluso ningún segundo habría pasado. La mejor explicación que he escuchado sobre este tema es del **Dr. Gerald Schroeder** en su libro **"La ciencia de Di-s"**. El **Dr. Schroeder** afirma lo siguiente:

"La diferencia en la percepción del flujo de tiempo a la velocidad de la luz no es una diferencia cuantitativa de un montón de tiempo (160,000 años) a un tiempo mucho más corto, por breve que sea ese período. La diferencia en el flujo del tiempo es una diferencia cualitativa, la diferencia entre nuestra existencia, donde todos los eventos ocurren a través de un flujo lineal incesante y una existencia en la que el tiempo no existe. Desde esa perspectiva, todos los desarrollos que tuvieron lugar durante los 160,000 años ocurrieron simultáneamente. Pasado, presente y futuro se habían mezclado en un AHORA eterno, siempre presente e interminable. La luz que usted ve está fuera del tiempo, un hecho de la naturaleza probado en miles de experimentos en cientos de universidades[3]".

La conclusión que uno saca de la declaración anterior es que la luz, al menos en lo que se refiere a la velocidad de la luz, en realidad existe fuera del reino del tiempo. **Schroeder** se referiría a esto como un " ahora eterno". Piense en lo lejos que hemos llegado en nuestro estudio hasta el momento. Recuerde, en tiempos anteriores, los científicos en los días de **Newton**, aunque también eran teólogos, no podían envolver sus mentes en que el universo sería eterno. El obstáculo en muchos casos realmente no ha sido la ciencia, sino la religión. Cualquiera que esté dispuesto a hacer la investigación pronto descubrirá que, de hecho, la ciencia y los científicos son la prueba de la espiritualidad, en lugar de los religiosos.

Si miramos hacia atrás, a las leyes de la relatividad de **Einstein**, no solo probamos que el espacio, el tiempo y la materia no son constantes, sino que cambian. Además, explicamos también sobre la diferencia entre partículas y ondas, y cómo se ven de la manera en que se elige observarlas.

¿Por qué es importante saber tales cosas? Porque cuando comprendemos esta ciencia, nos damos cuenta de que **Einstein** creó teorías y leyes que han demostrado ser correctas. Una de las más significativas en lo que se refiere a nuestro estudio es el hecho de que cuanto más rápido uno viaja en relación con otro objeto, como en nuestra nave espacial futurista que viaja junto con la luz de la Supernova 1987A, fluye el tiempo más lento. Tanto es así, que a la velocidad de la luz, que es la velocidad más alta alcanzable, el tiempo cesa.

Por lo tanto, las leyes de la relatividad de **Einstein** no han probado, a través de una fórmula teológica basada en la Biblia, que una existencia eterna se demuestre, sino que es a través de la ciencia.

Ahora bien, esto no significa que queremos que el lector salga con la idea de que no hay un componente espiritual de lo que hemos compartido hasta ahora. Por el contrario, simplemente estamos proporcionando la prueba científica que respalda la espiritualidad. Exploraremos con mucho más detalle en las próximas lecciones

---

[3] La ciencia de Di-s: la convergencia de la sabiduría científica y bíblica, Gerald L. Schroeder, Broadway Books, página 164.

---

cómo el concepto de efectos de luz, es lo que conocemos como creación, así como otros conceptos.

Tenga en cuenta que no pretendemos entender cómo ayer, la semana pasada, el mes pasado y el próximo año todo puede existir en lo que describimos como este "ahora eterno", pero en el contexto de la velocidad de la luz, que como ya hemos demostrado a través de la ciencia, que no pasa el tiempo.

Finalmente, antes de dedicar un poco de tiempo a la mecánica cuántica, creo que es significativo afirmar que, al considerar la teoría del *Big Bang* y las supernovas, hay que admitir que la luz fue, de hecho, la primera creación del universo.

Con base en la afirmación anterior, podemos postular que aunque vivamos en un mundo que está compuesto por el tiempo, el espacio y la materia, existe un vínculo espiritual con la eternidad que es nuestro universo. En pocas palabras, la luz existe fuera del tiempo y el espacio.

Haciendo una vuelta completa, de regreso a $E = MC^2$, hemos aprendido que todas las diferentes formas de luz, ya sean fotones, rayos gamma, rayos X, microondas o ultravioletas, son capaces de ignorar su intemporalidad como fuente de energía transformándose en materia. Esto le permite entrar en el reino del tiempo y el espacio.

Schroeder continúa explicando esto en la comparación de que la luz es tanto energía como materia, de la misma manera que el vapor y el hielo también son agua, siendo cada uno dos formas de la misma cosa.

Mas adelante, en lecciones futuras, discutiremos la luz y su interacción con la creación. Ahora un poco sobre el concepto de mecánica cuántica, que también está relacionado tanto con la cosmología de **Newton** como con la de **Einstein**.

Mecánica cuántica

En la Lección 1 discutimos el impacto que **Albert Einstein** tuvo en la cosmología *post newtoniana*, y no podemos enfatizar lo suficiente cómo su teoría de la relatividad cambió la forma en que entendemos el universo.

Si bien es posible que muchos no comprendan necesariamente la fórmula, quienes no han oído hablar de la famosa ecuación de **Einstein, $E = MC^2$** ya la mencionan muchas veces. La fórmula se descompone de la siguiente manera, (**E** [energía] = **M** [masa] x **C** [velocidad de la luz] al cuadrado). Esto nos reveló que la energía y la materia son dos caras de la misma moneda y son intercambiables. Es a través del conocimiento **$E = MC^2$**, de convertir cantidades relativamente pequeñas de materia en enormes cantidades de energía, que se produce la energía atómica.

Lo que es revolucionario para los propósitos de nuestra ciencia de la *Kabbalah*, es cómo esta fórmula revela ideas que presentaremos con mucho más detalle en el futuro.

En cuanto a no saltar demasiado adelante, considere que cada uno de nosotros es un recipiente, y como vasijas somos en esencia materia, y como materia también se nos considera una forma condensada de luz, que es energía.

Ni siquiera hemos tocado el hecho de que la mecánica cuántica también tiene un efecto en otras ciencias. Tanto es así, que hay campos de estudio completamente nuevos como la biología cuántica. Por ejemplo, considere que cada año hay miles de aves (robins) europeas que se dirigen hacia el sur durante el invierno. Viajan unas 2000 millas, sin embargo, es la forma en como vuelan lo que la hece una maravilla espectacular. ¿Por qué? Bueno, estas aves no hacen este viaje como otras especies migratorias que usan hitos, corrientes oceánicas o el sol. Estas aves son capaces de detectar el campo magnético de la Tierra.

Sin embargo, eso no es todo. No solo pueden detectar este campo magnético, que por cierto es 100 veces más débil que el imán que usamos durante las vacaciones, y que parece que también puede detectar el campo magnético. El proceso por el cual logran esto fue descrito por **Albert Einstein** como "espeluznante". Parece que estas aves tienen una brújula incorporada que usa esta forma espeluznante de mecánica cuántica.

Si comparamos las leyes de la mecánica cuántica, este nuevo campo de la biología cuántica junto con las otras fórmulas y explicaciones presentadas hasta ahora, podemos comenzar a entender y afirmar que la brecha se ha reducido entre la ciencia y la espiritualidad.

De hecho, de la misma manera que describimos la materia y la energía como dos caras de la misma moneda, y que estos tipos de dualidad son paradójicos, también podemos decir que los ámbitos de lo espiritual y lo físico no están relacionados, sino que están intrínsecamente unidos. En base a esto, también podemos decir que nada representa la verdad más que el concepto de luz.

Habiéndose hecho famoso por su brillantez y posiblemente uno de los mejores físicos de la historia, **Einstein** pasó los siguientes 30 años de su vida en una búsqueda para producir una teoría de campo unificada. Esta teoría del campo unificado combinaría en esencia la gravedad y el electromagnetismo en una sola teoría.

Su motivación parecía estar impulsada por la necesidad de demostrar que las fuerzas de la naturaleza estaban de algún modo unificadas. En su conferencia del Premio Nobel de 1923 afirmó: *"El intelecto que busca una teoría integrada no puede estar satisfecho con la suposición de que existen dos campos distintos, totalmente independientes entre sí por su naturaleza".*

Además de su impulso para probar la teoría del campo unificado, creía que era necesario responder a las paradojas que existían dentro de la mecánica cuántica[4] con el fin de unificarlas en una teoría que incluyera la gravedad y el electromagnetismo.

Einstein finalmente fracasó en su búsqueda de una teoría de campo unificado, pero eso no le impidió trabajar hasta el día de se muerte.

Muchos creen que su fracaso vino de su rechazo de la mecánica cuántica, que lo distanció de los otros físicos de su época. Basado en la siguiente cita, en 1954, el año antes de su muerte, parece que estaba muy consciente de su posición. "Debo parecer un avestruz que siempre entierra la cabeza en la arena relativista para no enfrentar el mal de quanta[5]".

Otros creen que su fracaso se debió a que él estaba adelantado a su tiempo. Que las herramientas necesarias para demostrar tal teoría no estaban disponibles antes de su muerte.

La mayor paradoja para mí es que, si bien los físicos han logrado grandes avances en el campo de la ciencia, ninguno ha sido capaz de proponer una teoría verificable y comprobable, incluso siguiendo los pasos de **Einstein**.

Digo la paradoja, porque creo que las respuestas y la ciencia que han estado buscando han estado disponibles durante miles de años. Simplemente están buscando en el lugar equivocado. Al igual que **Newton** y sus colegas, e incluso aquellos que vinieron después y que estaban dispuestos a ver esta antigua sabiduría, deben mirar hacia la ciencia de la *Kabbalah* para obtener tales respuestas. Una ciencia basada en ignorar esta realidad física para desbloquear el mundo de la espiritualidad.

Es solo en el ámbito espiritual que uno puede traer la verdadera unificación, donde todas las paradojas se desvanecen.

Preguntas de repaso

1. ¿Qué es una Supernova?

---

[4] La mecánica cuántica (QM, también conocida como física cuántica, teoría cuántica, modelo mecánico ondulatorio o mecánica matricial), incluida la teoría cuántica de campos, es una teoría fundamental en física que describe la naturaleza en las escalas más pequeñas de niveles de energía de átomos y partículas subatómicas. Feynman, Richard; Leighton, Robert; Sands, Matthew (1964). Las conferencias sobre física de Feynman, vol. 3. Instituto de Tecnología de California. pag. 1.1.

[5] Plural de quantum.

2. ¿Cuál es una de las principales piezas de información que se aprendió del SN 1987a relacionada con nuestro universo conocido?

3. ¿Cómo pueden los científicos creer en el cuento de hadas, de que estamos hechos de polvo de estrellas?

4. Sabemos por nuestro estudio que no solo en la ciencia, sino en el mundo espiritual, existe el concepto de luz revelada y luz oculta. ¿Cómo reconciliamos los dos?

5. Si el SN 1987a estuviera a 160,000 años luz de distancia, ¿cuánto tiempo pasaría si pudieras viajar a la misma velocidad y llegar a la misma hora, es decir a las 3 a.m. del 24 de febrero?

6. ¿Qué nos enseña la fórmula de Einstein $E = MC^2$ sobre el tiempo en relación con la capacidad de las luces para existir como energía y materia?
7. ¿Qué otras formas de ciencia se han establecido en base a la ciencia de la mecánica cuántica?

Respuestas

1. **Kepler**, uno de los primeros matemáticos y astrónomos fue quien primero encontró el SN 1604, también conocida como la *Super Nova de Kepler*, una nueva estrella que apareció en el cielo nocturno. Sin embargo, no era en realidad una nueva estrella, como muchos habían supuesto durante tantos años. En cambio, después de investigaciones futuras relacionadas con SN 1987a, se descubrió que, de hecho, esta era la muerte de una estrella.

2. De acuerdo con la NASA la Supernova 1987A puede despertar el gas circundante y desencadenar la formación de nuevas estrellas y planetas. El gas del que se forman estas estrellas y planetas se enriquecerá con elementos como carbono, nitrógeno, oxígeno y hierro, que son los componentes de toda la vida conocida. En otras palabras, la muerte de una estrella como esta, nos da una idea de la verdad acerca de cómo la teoría del *Big Bang* cierra la brecha entre la ciencia y la espiritualidad. Como podemos ver en los componentes que sostienen la vida que se forma como resultado de tal explosión.

3. Aunque suena como algo poetico, o canción de Joni Mitchell, la ciencia ha demostrado lo contrario. Tanto los astrónomos como los físicos de hoy creen que una gran fracción de los átomos en nuestros cuerpos se forjaron dentro de las estrellas. Que el polvo de estrellas producido por la Supernova 1987A cuando se dispersa en el espacio es el mecanismo por el cual los átomos creados en las

estrellas son los mismos átomos que componen nuestros cuerpos físicos en la actualidad.

Después de todo, al reflexionar sobre la respuesta a la pregunta 2, nos damos cuenta de que todos los componentes que pueden sostener la vida provienen de eventos como este, no es demasiado exagerado creer que en realidad estamos hechos de polvo de estrellas.

4. Es muy fácil reconciliar la naturaleza dual de la luz en la ciencia y la espiritualidad. En nuestro estudio, aprendimos que así como hay luz oculta y revelada en el mundo de la espiritualidad, en la ciencia la luz tiene una naturaleza dual. La luz existe tanto en forma de partículas como de ondas, y de esta manera imita lo oculto y lo revelado. Lo que significa que la luz solo se revela de acuerdo con una de las dos características a la vez, pero no ambas simultáneamente. Por lo tanto, es sorprendente saber que si se mide en forma de onda, así es como se revelará y, sin embargo, si se mide como partículas, solo se revelará de esa manera.

5. En nuestra lección discutimos el hecho de que la luz, al menos en lo que se refiere a la velocidad de la luz, en realidad existe fuera del reino del tiempo. El **Dr. Gerald Schroeder** se referiría a esto como un "ahora eterno". En otras palabras, cuando estás discutiendo el concepto de la velocidad de la luz, no hay pasado, presente o futuro. ¡Solo hay ahora!

6. Hemos aprendido que todas las diferentes formas de luz, ya sean fotones, rayos gamma, rayos X, microondas o ultravioletas, son capaces de ignorar realmente su atemporalidad como fuente de energía, al transformarse en materia. Esto le permite entrar en el reino del tiempo y el espacio. El **Dr. Schroeder** continúa explicando esto en la comparación de que la luz es tanto energía como materia de la misma manera que el vapor y el hielo también son agua, siendo cada uno dos formas de la misma cosa.

7. Un nuevo campo de estudio es en realidad la biología cuántica. Utilizamos el ejemplo de miles de aves europeas que se dirigen hacia el sur durante el invierno. Viajan unas 2000 millas navegando no como otras especies similares mediante el uso de las corrientes oceánicas o el sol y las estrellas. En cambio, no solo pueden detectar el campo magnético de la Tierra, sino que también tienen una proteína particular en el ojo que les permite ver el campo magnético de la Tierra. Esta es una ciencia espeluznante según **Einstein**, porque estas aves en cierto modo experimentan la dualidad de las partículas y las ondas.

www.ingramcontent.com/pod-product-compliance
Lightning Source LLC
Chambersburg PA
CBHW081236020426
42331CB00012B/3201